Ayemien René Sidoine Tanoh

Connaissances Spirituelles

Ayemien René Sidoine Tanoh

Connaissances Spirituelles

Vous connaitrez la vérité et la vérité vous affranchira

Éditions Croix du Salut

Impressum / Mentions légales
Bibliografische Information der Deutschen Nationalbibliothek: Die Deutsche Nationalbibliothek verzeichnet diese Publikation in der Deutschen Nationalbibliografie; detaillierte bibliografische Daten sind im Internet über http://dnb.d-nb.de abrufbar.
Alle in diesem Buch genannten Marken und Produktnamen unterliegen warenzeichen-, marken- oder patentrechtlichem Schutz bzw. sind Warenzeichen oder eingetragene Warenzeichen der jeweiligen Inhaber. Die Wiedergabe von Marken, Produktnamen, Gebrauchsnamen, Handelsnamen, Warenbezeichnungen u.s.w. in diesem Werk berechtigt auch ohne besondere Kennzeichnung nicht zu der Annahme, dass solche Namen im Sinne der Warenzeichen- und Markenschutzgesetzgebung als frei zu betrachten wären und daher von jedermann benutzt werden dürften.

Information bibliographique publiée par la Deutsche Nationalbibliothek: La Deutsche Nationalbibliothek inscrit cette publication à la Deutsche Nationalbibliografie; des données bibliographiques détaillées sont disponibles sur internet à l'adresse http://dnb.d-nb.de.
Toutes marques et noms de produits mentionnés dans ce livre demeurent sous la protection des marques, des marques déposées et des brevets, et sont des marques ou des marques déposées de leurs détenteurs respectifs. L'utilisation des marques, noms de produits, noms communs, noms commerciaux, descriptions de produits, etc, même sans qu'ils soient mentionnés de façon particulière dans ce livre ne signifie en aucune façon que ces noms peuvent être utilisés sans restriction à l'égard de la législation pour la protection des marques et des marques déposées et pourraient donc être utilisés par quiconque.

Coverbild / Photo de couverture: www.ingimage.com

Verlag / Editeur:
Éditions Croix du Salut
ist ein Imprint der / est une marque déposée de
OmniScriptum GmbH & Co. KG
Heinrich-Böcking-Str. 6-8, 66121 Saarbrücken, Deutschland / Allemagne
Email: info@editions-croix.com

Herstellung: siehe letzte Seite /
Impression: voir la dernière page
ISBN: 978-3-8416-9980-0

Copyright / Droit d'auteur © 2015 OmniScriptum GmbH & Co. KG
Alle Rechte vorbehalten. / Tous droits réservés. Saarbrücken 2015

CONNAISSANCES SPIRITUELLES

TANOH AYEMIEN S.

DEDICACE ET REMERCIEMENTS

Je dédie ce livre au Prophète Kadjo Armand Elie mon père dans la foi. Je le remercie pour sa participation à ma conversion dans le Seigneur Jésus-Christ. Merci également au Pasteur Lasme Augustin mon grand-père Spirituel ; sans toutefois oublier le Révérend Pasteur Kouamé Antoine, fondateur de la Mission Ambassade du Saint-Esprit.

Je remercie ma famille qui me soutient énormément dans la prière; surtout ma très chère mère.

Je remercie également les frères et sœurs du Camp de prière Béthel Aniassué et toute la communauté Mission Ambassade du Saint-Esprit pour leur soutien.

Enfin, à tous les assoiffés de la connaissance des choses spirituelles, que Dieu vous soutienne au nom de Jésus-Christ.

PREFACE

Ce livre est révélateur. Il rassemble un certain nombre de réponses à nos interrogations qui concernent les choses spirituelles.

Il vient donc en guide, en éclaireur pour permettre à l'Homme de connaître les œuvres du Créateur et mieux s'orienter dans la prière. Il est une sorte de boussole pour indiquer la direction à prendre afin d'être toujours compté parmi les vainqueurs.

C'est toute une panoplie d'enseignements que j'ai reçus de Dieu et de la part de certains hommes de Dieu. Ces enseignements sont les clés de votre succès; soyez-en sûr !

Voyez-vous que, lorsque vous êtes aveugles, il est difficile, voire impossible de voir ce qui se passe autour de vous; et vous manquez de connaissances, de vérité. Or, tout homme qui manque de vérité s'égare puisqu'il est berné dans l'ignorance.

Dieu nous a aimé et nous aime encore aujourd'hui. Il nous donne ainsi la possibilité par le canal de ce trésor (livre) de connaître ce qui est caché afin d'en être véritablement affranchi.

Que le Tout-Puissant vous bénisse et vous aide dans la compréhension de sa parole.

SOMMAIRE

INTRODUCTION……………………………….…………6

JESUS-CHRIST : LE VERITABLE DIEU……………..…...9

ACCEDER AU STATUT DE CHRETIEN……………….....17

PRENDS TON ENVOL…………………………..……22

LA RELATION ENTRE DIEU ET L'HOMME…………........27

L'ONCTION ET LA PRESENCE DE DIEU…………...…..33

L'EVANGELISATION……………………………............45

COMMENT ETRE LIBERE DE LA MALEDICTION?.....53

LA BONNE SEMENCE…………………………….....83

LA NOUVELLE NAISSANCE…………………………89

ZACHEE ET LE SYCOMORE……………………………95

OUVRE TON CIEL……………………………….....103

LES OFFRANDES……………………………….....111

REPARTITION DE LA BIBLE…………………….....116

INTRODUCTION

Ce livre est l'objet d'un message que j'ai reçu de la part du Seigneur Jésus-Christ. Le Seigneur m'a révélé que nous vivons dans un monde où les hommes manquent de connaissances et de compréhensions. Ils sont donc frappés par l'ignorance et c'est un véritable handicap.

Figurez-vous que Satan règne dans tous les domaines de votre vie où vous n'avez pas la connaissance. Et lorsque la vérité vous affranchit, vous devenez libre.

Lisez donc cette petite histoire et vous comprendrez.

Un homme riche sortit de sa maison un jour et trouva un malade mental assis devant sa porte. Sans dire mot, il continua sa route. Le jour d'après, il le trouva encore au même endroit. L'homme riche rentra dans sa maison, prit une poubelle pleine d'ordures et la donna au malade mental. Ce dernier sans hésiter prit la poubelle et alla au bord d'une rivière. Il la vida de son ordure, la lava et la remplit de très belles fleurs de telle sorte qu'elle était méconnaissable.

Il s'en alla ensuite frapper à la porte du riche homme et les lui offrit. Le riche étonné de ce geste lui dit : « Mais, je t'ai donné une poubelle remplie d'ordures et toi en retour tu m'offres des fleurs ». Et, au malade de lui dire : « Mais monsieur, chacun ne donne que ce qu'il possède. Vous avez de l'argent, de belles maisons, de belles voitures et vous avez choisi de me donner une poubelle et moi je vous donne ce que j'ai en retour ».

Cet homme était ignorant et l'acte du malade va l'amener plus tard à un examen de sa conscience. Il sera transformé parce qu'il est maintenant affranchi par la vérité de Dieu.

Frères et sœurs, voyez vous-mêmes combien cette histoire nous ouvre l'esprit. Aujourd'hui, la parole que le Seigneur Jésus-Christ nous a donnée, c'est ce que nous devons transmettre aux autres. Toi qui l'as reçue, donne-la afin que nous soyons tous sauvés.

JESUS-CHRIST: LE VERITABLE DIEU

A- *Les preuves de la divinité de Jésus-Christ*

Lorsque les auteurs du Nouveau Testament disent que Jésus-Christ est Dieu, ils veulent dire qu'il n'est pas un homme qu'on a élevé, vénéré au rang de Dieu, ni qu'il est un homme devenu Dieu. Ils veulent dire qu'il ne peut pas être comparé à aucun autre humain. Son essence est différente de la nôtre, il vient d'une sphère plus haute que celle des hommes : il est Dieu devenu homme, se révélant à nous sous forme humaine.

B- *Jésus est-il Dieu? : Les arguments*

Comme la plupart des hommes de leur temps, les disciples de Jésus ont eu du mal à comprendre cela, et encore à le croire. Voici ce qui les a convaincus.

a-Jésus avait un pouvoir surnaturel

Nul ne conteste que Jésus-Christ soit un homme, mais quel homme pourrait faire ce qu'il a fait.

-Il avait le pouvoir de contrôler le climat :

« Ils furent saisis d'une grande frayeur, et ils se dirent les uns aux autres : Quel est donc celui-ci, à qui obéissent même le vent et la mer ? » ; Marc 4V41

-Il avait le pouvoir de marcher sur l'eau, c'est-à-dire qu'il dominait les lois de la pesanteur.

« Aussitôt après, il obligea ses disciples à monter dans la barque et à passer avant lui de l'autre côté, vers Bethsaïda, pendant que lui-même renverrait la foule. Quand il l'eut renvoyée, il s'en alla sur la montagne, pour prier. Le soir étant venu, la barque était au milieu de la mer, et Jésus était seul à terre. Il vit qu'ils avaient beaucoup de peine à ramer; car le vent leur était contraire. A la quatrième veille de la nuit environ, il alla vers eux, marchant sur la mer, et il voulait les dépasser. Quand ils le virent marcher sur la mer, ils crurent que c'étaient un fantôme, et ils poussèrent des cris; car ils le voyaient tous, et ils étaient troublés. Aussitôt Jésus leur parla, et leur dit: Rassurez-vous, c'est moi, n'ayez pas peur ! Puis il monta vers eux dans la barque, et le vent cessa. Ils furent en eux-mêmes tout stupéfaits et remplis d'étonnement. »; Marc 6V45-51

-Il avait le pouvoir de créer des choses

Par deux fois, il a pris quelques pains et quelques poissons et les a miraculeusement multipliés au point d'être capable de donner à manger à 4000 et 5000 personnes. Marc 8V1-8

-Il guérissait toutes sortes de maladies, sans exception

Des épileptiques, des infirmes, des muets, des aveugles ont été guéris par lui.

Certaines des guérisons qu'il a opérées concernaient des maladies congénitales, qui ne pouvaient donc pas être guéries; et ne le peuvent toujours pas à l'heure actuelle. Un exemple se trouve dans l'évangile de Jean chapitre 9. Un homme né aveugle, à qui Jésus donne la vue, ne peut donner d'explication à ceux qui le questionnaient, mais dit simplement : « (…) je sais une chose, c'est que j'étais aveugle et maintenant je vois ». On n'a jamais entendu dire que quelqu'un ait guéri les yeux d'une personne née aveugle. Son expérience était pour lui une preuve évidente de la provenance divine de Jésus-Christ.

La puissance qu'a démontrée Jésus ne peut venir que d'une source extrahumaine. Jésus-Christ savait pertinemment qu'il serait difficile de le croire sur la base de simples paroles. C'est pourquoi il en joignait les gens de considérer les miracles qu'il faisait : « Mais si je les fais, quand même vous ne me croyez point, croyez à ces œuvres, afin que vous sachiez et reconnaissiez que le Père est en moi et que je suis dans le Père. » ; Jean 10V38

Je terminerai ce chapitre avec ce chant qui témoigne de la divinité de Jésus-Christ de Nazareth. Ne m'en tenez pas rigueur si je ne donne pas l'originalité des couplets mais je le chante comme je l'entends tonner dans mon esprit et je voudrais qu'il soit imprimé de la sorte :

Quel est cet homme oh !

Quel est cet homme oh !

Qui parle aux sorciers,

Les sorciers lui obéissent,

Amen,

Qui parle aux démons,

Les démons lui obéissent,

Amen…(Bis)

b-Des prophéties ont annoncé la venue de DIEU sur terre.

Durant des milliers d'années, Dieu a envoyé des prophètes pour annoncer aux peuples qu'un jour viendrait où Il se manifesterait directement aux hommes, afin qu'ils soient sûr qu'Il EST, en leur apportant secours, réconfort, espérance, et surtout le salut. Ces prophéties ont été consignées dans l'Ancien Testament. Lorsqu'on les compare à la vie que Jésus a eue, on ne peut que constater combien elles décrivent avec une extraordinaire précision sa venue, les circonstances de sa mort, et de sa résurrection. Jésus est bien le Messie promis, l'envoyé de Dieu, Dieu lui-même venu sur terre.

REFERENCES BIBLIQUES : *Esaïe 53 ; 7V14 {Emmanuel signifie « Dieu au milieu de nous», or c'est le second nom de Jésus}. Esaïe 9V5 «Il sera Dieu fait homme»*

c- *Le pouvoir de Jésus sur la mort : une preuve évidente de sa divinité*

Plusieurs dans l'histoire se sont fait adorer. D'autres se sont proclamés messie ou prophète de Dieu. Mais aucun être à part Jésus n'est revenu à la vie après sa mort. La nature humaine est manifestée par cet anéantissement qui nous frappe tous. Pourtant, Jésus est ressuscité et s'est montré à plusieurs personnes. Il est toujours vivant aujourd'hui, car après sa résurrection, il est remonté au ciel devant plusieurs personnes. « Après avoir dit cela, il fut enlevé pendant qu'ils le regardaient et une nuée le déroba à leurs yeux. » ; Actes 1V9. Il montre ainsi son pouvoir sur la mort elle-même ; un pouvoir que seul un être divin peut avoir, certainement pas un homme. C'est cet événement qui a achevé de convaincre les disciples et leur a donné du zèle pour annoncer avec puissance au monde la manifestation de Dieu en Jésus.

Imaginez-vous la mort est vaincue: Il y a un au-delà réel et une espérance pour celui qui croit !

ACCEDER AU STATUT DE CHRETIEN

Il existe 7 principes à observer pour devenir un véritable chrétien; je dis bien un véritable chrétien.

1-Reconnaître

Pour devenir chrétien, il faut reconnaître d'abord que vous êtes pécheurs « Car tous ont péché et sont privés de la gloire de Dieu » Romains 3V23. Celui qui apprend à reconnaître ses fautes peut accéder au statut d'enfant de Dieu; en d'autres termes, il peut être appelé chrétien car le véritable chrétien c'est celui-là qui est capable de dire : « (…) O Dieu sois apaisé envers moi, qui suis pécheur. » ; Luc 18V13.

2-Croire

La foi, reposant sur La croyance, nous amène à comprendre et à accepter que Jésus-Christ est descendu sur terre pour sauver l'humanité : « Car Dieu a tant aimé le monde qu'il a donné son fils unique, afin que quiconque croit en lui, ne périsse point, mais ait la vie éternelle. » ; Jean 3V16

Le Nouveau Testament nous enseigne que : « Celui qui croira et qui sera baptisé sera sauvé, mais celui qui ne croira pas sera condamné. » ; Marc 16V16

3-Se repentir

Tout homme, né de nouveau doit comprendre que l'un des principes pour devenir un bon chrétien, c'est la repentance d'une faute commise. Lorsque vous regrettez profondément et sincèrement vos péchés, Dieu se repent également de la punition qu'il vous réserve; du coup, vous devenez un modèle, un exemple. « (…) Mais si vous ne vous repentez, vous périrez tous également. » ; Luc 13V3

« Repentez-vous et convertissez-vous, pour que vos péchés soient effacés, (…). » ; Actes 3V19

(Pierre et Jean demandaient aux israélites de se repentir d'avoir fait mourir Jésus)

4-Confesser (Jacques 5V16)

Avouer ses fautes nous rapproche davantage de Dieu. Le Créateur a en horreur le péché. Cependant, il porte à l'égard du pécheur un amour inexplicable; c'est la raison pour laquelle il veut que nous avouions nos iniquités et surtout que nous les abandonnions. « Si nous confessons nos péchés, il est fidèle et juste pour nous les pardonner et pour nous purifier de toute iniquité. » ; 1 Jean 1V9

5-Abandonner

Il n'est pas question ici de la cessation d'une quelconque activité. Nous voulons plutôt parler du renoncement de nos mauvaises actions; ce qui crée entre notre Dieu et nous, une séparation. « Que le méchant abandonne sa voie, Et l'homme d'iniquité ses pensées ; Qu'il retourne à l'Eternel qui aura pitié de lui, A notre Dieu, qui ne se lasse pas de pardonner. »; Esaïe 55V7

6-*Recevoir*

Combien sommes-nous qui avons reçu véritablement la parole de Dieu ? L'on dit d'une personne qu'elle est chrétienne, lorsqu'elle a reçu la parole de Dieu. Ce qui achève nos propos, c'est la manifestation de ladite parole dans nos actions de tous les jours. La parole de Dieu confère au chrétien que nous sommes devenus un pouvoir immense. « Elle est venue chez les siens, et les siens ne l'on pas reçue. Mais à tous ceux qui l'on reçue, à ceux qui croient en son nom, elle a donné le pouvoir de devenir enfants de Dieu, lesquels sont nés, non du sang, ni de la volonté de la chair, ni de la volonté de l'homme, mais de Dieu. »; Jean 1V11-12

7-Servir Jésus

Servir Jésus, c'est d'abord et avant tout l'accepter comme sauveur du monde, ensuite, garder ses commandements et enfin annoncer sa parole aux autres âmes. « Si vous m'aimez, gardez mes commandements » Jean 14V15 ; « Car l'amour de Dieu consiste à garder ses commandements et ses commandements ne sont pas pénibles » 1Jean 5V3.

Nous ajouterons que le véritable amour que nous avons pour Dieu se trouve dans la parole d'assurance que nous annonçons pour que des âmes soient sauvées.

Ces 7 étapes te qualifieront et te permettrons de devenir un véritable chrétien. Nous résumons pour dire ainsi, que, le véritable chrétien, ce n'est pas celui qui se vante d'avoir été baptisé, mais plutôt celui qui reconnaît qu'il est un pécheur et surtout qui met son corps et ses biens au service de l'œuvre de Dieu.

PRENDS TON ENVOL : <u>Esaïe 40V31</u>

Comme tous les animaux que Dieu à créé, chacun d'entre eux présente un certain nombre de traits caractéristiques qui le différencient des autres et qu'on peut faire correspondre au caractère humain. L'aigle, le roi des oiseaux en est un bel exemple remarquable qui, pour nous, regorge tous les éléments (armes au plan spirituel) auxquels le chrétien devrait faire référence pour le combat spirituel.

1-L'aigle pèse 6kg mais peut transporter un poids maximum de 20kg.

Malgré l'infériorité de son poids par rapport au poids qu'il peut transporter, il est capable de le supporter et de le faire voler jusqu'à destination. Ainsi, Dieu donne-t-il à ses enfants, quel que soit leur petitesse, leur poids, leur force, de pouvoir supporter toutes sortes d'épreuves qui se présentent à eux.

Lorsque vous devenez enfant de Dieu, les difficultés ou épreuves ne tiennent pas compte de votre âge, ni de votre forme ou même de votre taille. Souvenez-vous de l'histoire de Moïse; à peine il vient au monde, qu'il fait déjà face à d'immenses épreuves. Il a fini par presque se noyer dans le fleuve où il a été déposé. Mais, rassurez-vous, car l'assurance que Dieu nous donne est que malgré notre infériorité physique, spirituellement, nous sommes grands et même plus forts que toutes sortes d'épreuves.

2-L'aigle prend son envol à partir de la mer à une hauteur de 10km et peut voler à une vitesse de 150km/h.

Dieu éloigne de la sorte nos ennemis de nous et crée une distance et un fossé entre eux et nous. Le chrétien que nous sommes, adresse nuit et jour des prières à Dieu. S'il mène alors une vie de droiture, les anges de Dieu font voler à une vitesse inimaginable ses prières à Dieu qui aussitôt les exauce. Comprenez maintenant par-là, pourquoi dans l'Église certains prient et voient leurs requêtes être exaucées aussi rapidement. Par contre, pour d'autres, ce n'est pas le cas. Comme la vitesse à laquelle l'aigle vise sa proie, Dieu vise ainsi tous nos ennemis et nous met à sa surveillance.

3-L'aigle est le seul animal qui peut regarder le soleil (360°) en face et voit mille fois mieux que l'homme.

Il devrait être de même pour nous. Nous devons avoir une vision claire de notre propre vie. Lorsque l'aigle prend sa proie, il la conduit vers le soleil afin qu'elle soit frappée d'aveuglement. Tous autant que nous sommes, nous avons des yeux physiques et regardons de façon physique et non spirituelle les événements qui affectent notre vie. A ce stade, nous ne pourrons pas détruire les forces démoniaques. Le combat dans lequel nous sommes engagés est d'ordre spirituel. Dieu nous donne donc la possibilité de conduire par la prière et le jeûne nos ennemis vers le soleil tout comme l'aigle afin de causer leur ruine et rien ne pourra nous atteindre. (Psaumes 56, les versets 4 et 9 ; Psaumes 40). Dieu nous donne la perception de l'aigle afin de mieux voir ceux qui nous attaquent quel que soit la distance à laquelle ils se tiennent.

4-Les serres (griffes) de l'aigle sont très puissantes et son bec crochu.

Il s'en sert pour attraper sa proie et ensuite pour la déchiqueter malgré sa force et son poids. En ce sens, Dieu, qui nous a donné le pouvoir selon Luc 10 V19, veut que les prières qui sortent de notre bouche soient aussi puissantes autant que les serres et le bec de l'aigle le sont, afin d'avoir toujours et en tout temps la supériorité sur nos ennemis.

5-Son dortoir, dans les rochers

Dieu nous montre par-là, l'assurance et la sécurité qu'il y a en Jésus-Christ. Aussi, les rochers symbolisent-ils des lieux d'élévation, de protection et d'assurance pour l'homme.

Lorsque vous acceptez le Seigneur Jésus, il devient pour vous un rocher, une forteresse et une muraille inébranlables. Pensez-vous que si Paul et Silas (Actes des Apôtres chapitre 16V9) n'avaient pas pour appui Jésus-Christ de Nazareth, ils s'en sortiraient ? J'en doute fort. Cependant, comme Jésus-Christ était l'appui parfait, même les barrières de la prison n'ont pas pu leur résister.

6-L'espérance de vie de l'aigle est de 60 à 80 ans et son envergue est de 2,5 m de longueur ; ce qui facilite son vol et même lui permet d'affronter les tempêtes

Comme l'aigle, Dieu dans son amour veut que nous vivions aussi longtemps (Psaumes 118V17) afin de raconter ses bienfaits. Il déploie nos ailes spirituelles semblables à celles de l'aigle afin de nous permettre de mieux vivre dans ce monde et être à l'abri de tout danger. Il ouvre notre esprit et nous donne de l'ampleur.

LA RELATION ENTRE DIEU ET L'HOMME

Il existe des lois physiques qui gouvernent l'univers physique. Il existe de même des vérités qui gouvernent nos relations avec Dieu. C'est Dieu lui-même qui nous les a révélées dans sa parole : <u>la Bible</u>

I-Dieu nous a aimés et nous a créés pour que nous le connaissions.

Dieu nous aime : « Car Dieu a tant aimé le monde qu'il a donné son Fils unique, afin que quiconque croit en lui ne périsse point, mais qu'il ait la vie éternelle » Jean3V16

Dieu désire que nous le connaissions. Jésus priant le père « Or, la vie éternelle, c'est qu'ils te connaissent, toi, le seul vrai Dieu, et celui que tu as envoyé, Jésus-Christ. » Jean 17V3. Il nous offre une vie nouvelle, une vie en abondance « Si quelqu'un est en Christ, il est une nouvelle créature. Les choses anciennes sont passées; voici, toutes choses sont devenues nouvelles. » 2Corinthiens 5V17. Jésus dit « (…) Moi, je suis venu afin que les brebis aient la vie, et qu'elles soient dans l'abondance » Jean 10V10.

> Pourquoi tant de gens ne connaissent-ils pas cette vie en abondance, cette relation avec Dieu ?

II- L'homme ne peut pas bénéficier de cette vie en abondance à cause de son attitude

La Bible nous enseigne dans Genèse chapitre 1 : « Au commencement, Dieu créa les cieux et la terre. La terre était informe et vide: il y avait des ténèbres à la surface de l'abîme, et l'esprit de Dieu se mouvait au-dessus des eaux. »

Au sixième jour, Dieu forma l'homme et la femme afin que tous deux entretiennent avec lui une relation.

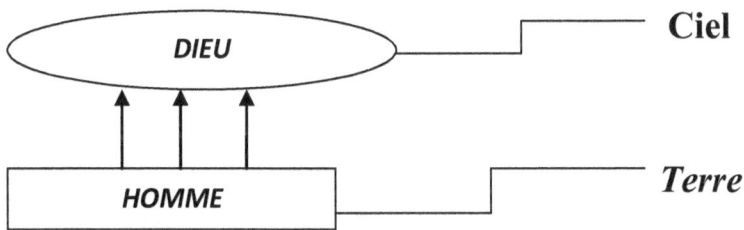

L'homme a été créé pour vivre en relation avec son créateur et surtout avec son semblable. Mais, par un libre choix, il a refusé de dépendre de Dieu. Cette volonté, caractérisée par une attitude d'indifférence ou de refus à l'égard de Dieu, est une manifestation de ce que la Bible appelle péché. Esaie 53V5-6 et Romains 1V18-21

Qui a péché ?

« Car tous ont péché et sont privés de la gloire de Dieu » Romains 3V23

➢ Quelle est la conséquence du péché ?

« Car le salaire du péché, c'est la mort (…) » Romains 6V23. « Ce sont vos fautes qui mettent une séparation entre vous et votre Dieu », Esaie 59V2

Dieu est Saint et l'homme pécheur. Son péché a créé un abîme entre lui et Dieu. L'homme s'est détourné de Dieu et il essaie de trouver la sécurité et la satisfaction de ses besoins à travers l'argent, les rapports humains, une bonne morale ou des pratiques religieuses. Cependant, toutes ces relations sont insuffisantes car elles ne s'attaquent pas au problème fondamental de l'homme : <u>Son péché</u>

III- Jésus-Christ, la réponse de Dieu au péché de l'homme

> ➤ Il est le seul chemin par lequel nous pouvons connaître Dieu et expérimenter une vie nouvelle

Annoncé plusieurs siècles avant sa venue sur terre à la fois pleinement homme et pleinement Dieu, (Philippiens 2V5-7), Jésus de Nazareth est un être unique dans l'histoire du monde.

> Comment Jésus a-t-il résolu le problème du péché ?
  ✓ Il est mort à notre place

« Mais Dieu prouve son amour envers nous, en ce que, lorsque nous étions encore des pécheurs, Christ est mort pour nous. » ; Romains 5V8

  ✓ Il est ressuscité; il est vivant aujourd'hui

« C'est ce Jésus que Dieu a ressuscité; nous en sommes tous témoins. » ; Actes 2V32

C'est pourquoi Jésus peut dire « (…) Je suis le chemin, la vérité et la vie. Nul ne vient au Père que par moi. » Jean 14V6

A cause de nos péchés, mous sommes condamnés à mort. Mais Dieu a envoyé son fils Jésus-Christ pour mourir à la croix à notre place. Il a franchi l'abîme qui nous sépare de Dieu. Il a été condamné à notre place. C'est pourquoi nous pouvons maintenant recevoir le pardon de Dieu et vivre cette vie abondante en relation personnelle avec lui. « Car c'est par la grâce que vous êtes sauvés, par le moyen de la foi. Et cela ne vient pas de vous, c'est le don de Dieu. Ce n'est point par les œuvres, afin que personne ne se glorifie. », Éphésiens 2V8-9.

L'ONCTION ET LA PRESENCE DE DIEU

I-L'utilité d'être oint, d'être rempli par la puissance de Dieu

La Bible dit dans Ecclésiaste 9:8 « Qu'en tout temps tes vêtements soient blancs, et que l'huile ne manque point sur ta tête. » La Bible nous recommande de ne jamais manquer d'onction.

✓ La seule façon d'être oint, c'est d'abord d'être lavé dans le sang de l'agneau.

Dans Ruth 3V3, la Bible dit : Naomi a dit à Ruth « lave-toi et oins-toi (parfume-toi), puis remets tes habits, et descends à l'aire (…). Vous ne pouvez pas être oints sans être lavés. Le mot <u>OINDRE</u> veut dire : consacrer avec les huiles saintes. Quand vous êtes véritablement lavés par le sang de Jésus, l'onction de Dieu descend sur vous.

1-L'onction éloigne de nous les démons

✓ L'onction vous garde en sécurité.

Dans 1 Samuel 16, « Samuel prit la corne d'huile, et l'oignit au milieu de ses frères. L'esprit de l'Eternel saisit David, **à partir de ce jour et dans la suite**. Samuel se leva, et s'en alla à Rama. » ; C'est cette onction fraîche qui a maintenu David en sécurité durant toute sa vie et lui a toujours donné la victoire sur ses adversaires.

✓ L'onction empêche les puissances démoniaques de s'approcher de vous.

Dans le Psaumes 89V19-23 « Alors tu parlas dans une vision à ton bien-aimé, Et tu dis : J'ai prêté mon secours à un héros, J'ai élevé du milieu du peuple un jeune homme; J'ai trouvé mon serviteur David, je l'ai oint de mon huile sainte. Ma main le soutiendra, Et mon bras le fortifiera. L'ennemi ne le surprendra pas, Et le méchant ne l'opprimera point; J'écraserai devant lui ses adversaires, Et je frapperai ceux qui le haïssent. »

L'onction éloignera le diable de vous. La seule chose en vous, qui fait trembler les puissances des ténèbres, c'est l'onction de Dieu. Lorsque, vous la recevez, les sorciers, les marabouts, les féticheurs vous craignent car, vous n'existez plus, c'est Dieu qui vit en vous.

2-L'onction se multiplie

Quand vous recevez l'onction, elle commence à germer, à s'accroître, à se développer. Paul, l'ayant reçue, va alors l'entretenir. Quelqu'un me demandera sûrement comment entretenir l'onction qu'on a reçue de Dieu. Ce qu'on devrait savoir, c'est que l'onction ne cohabite pas avec le péché. Lorsque votre corps est souillé, l'onction en vous, va continuer de se manifester; mais ce que vous ignorez, c'est qu'elle reste telle que vous l'avez reçue. Elle ne se développe pas; du coup, vous êtes limités dans le ministère, vous n'accomplissez pas de grands miracles. Ce qui est aberrant, c'est que vous n'évoluez pas, car vous limitez son champ d'action. Et si vous continuez à vous souillez ainsi, Dieu enlèvera le peu qu'il vous a accordé, comme ce fut le cas de Saul.

Tous les jours de votre vie, vous devez être oints. Dieu vous a donné une onction et vous devez la garder sur vous chaque jour.

3-La puissance de Dieu se trouve dans sa présence (Habacuc 3V4)

Quand nous parlons de la présence de Jésus, il s'agit de la substance même de son être; il s'agit de la présence du fils de Dieu. Il y a une grande différence entre la présence de Jésus et la puissance de Jésus. La présence de Jésus c'est sa nature, sa gloire, ses attributs tandis que sa puissance, c'est l'onction. Lorsque Moïse a demandé à Dieu de lui montrer sa gloire, dans

Exode 33V18, celui-ci s'est révélé à lui dans Exode 34V5-6. Après que Dieu eu montré sa gloire à Moïse, celui-ci a dit, l'Eternel est miséricordieux, remplit de grâce.

La gloire de Dieu se révèle dans ses attributs; la gloire de Dieu c'est sa présence.

Si quelques-uns parmi vous désirent recevoir la puissance de Dieu, alors il vous faudra demeurer dans sa présence ; car, c'est seulement dans sa présence que vous pourrez recevoir pleinement sa puissance.

4-La présence de Dieu demeure pour toujours en nous

Lorsque vous avez été sauvés, vous avez reçu la présence de Jésus; Et quand vous êtes nés de nouveau, Jésus est entré dans votre cœur et Il est devenu votre sauveur dans sa plénitude. Quand vous avez été sauvés, c'est la présence de Jésus qui est venue et qui a changé votre vie. Quand vous l'adorez, quand vous le cherchez, quand vous lisez sa parole, sa présence devient réelle à vos yeux; Et vous pouvez sentir la réalité de cette présence.

La présence de Jésus vient et demeure en vous pour toujours. Cette présence est dans notre vie pour toujours et même après avoir revêtu un nouveau corps, nous allons être remplis de la présence de Jésus; et même, lorsque nous serons au ciel, nous serons toujours remplis de cette présence.

5-L'onction de Dieu vient par portion, par mesure

Nous pouvons recevoir davantage lorsque nous sommes fidèles à celui que nous avons (Jésus). Combien d'entre vous veulent être dans l'onction tous les jours ? Alors vous devez aller vers Jésus tous les jours. Et quand vous allez à Jésus, lorsque vous le cherchez, et l'adorez, quand vous lisez sa parole, sa présence devient vraie en vous et son onction se répand sur vous.

Dans cette réalité, il y a l'onction. Mais très souvent, nous ne savons pas comment la recevoir. La sanctification, le jeûne et la prière libèrent la puissance de Dieu en nous.

Plus nous gardons notre corps saint, plus cette puissance grandie. La prière et le jeûne sont l'essence qui permet à la puissance de Dieu de demeurer constamment dans notre vie.

II- *La présence de Dieu nous garde en vie*

La présence de Dieu, c'est celle qui nous garde en vie. Elle apporte la vie à d'autres personnes à travers notre vie.

1-La présence de Dieu ne se donne pas

On ne peut pas imposer les mains à quelqu'un et dit sois sauvé. On ne peut pas impartir le salut parce que le salut, c'est la présence de Dieu. L'individu lui-même doit recevoir Jésus. On ne peut pas imposer les mains et donner Jésus. Mais, on peut transmettre la puissance de Dieu. Elisée a reçu le double de l'onction (la puissance) qui était sur son maître Elie. On ne peut pas donner Jésus mais on peut transférer sa puissance. Actes 19 :1-6

La présence de Jésus est reçue individuellement. Quand une personne est sauvée, elle reçoit la présence de Jésus et cette présence reste avec elle pour toujours alors que la puissance est différente.

La puissance de Jésus est reçue souventes fois de façon personnelle et quelquefois, ce sont les hommes et les femmes qui impartissent l'onction. Je reçois Jésus pendant le salut. Cependant je peux vivre le restant de ma vie et ne pas connaître sa puissance (son Onction, son Saint-Esprit)

Les gens peuvent être sauvés et aller au ciel sans connaître la puissance de Dieu, de Jésus dans leur vie. Nous avons besoin de sa puissance car c'est sa puissance qui va guérir les malades. C'est sa puissance qui va chasser le diable, les démons; c'est sa puissance qui va apporter la liberté aux captifs.

2-La présence de Dieu procure la joie dans notre vie

La présence de Dieu est merveilleuse, elle nous donne le salut et nous amène au ciel mais sans sa puissance, nous ne pouvons pas avoir d'impact pour Jésus. Nous devons être efficaces pour Jésus. La présence de Dieu ne vient pas et s'en va sans arrêt; ce n'est pas comme si Jésus venait et partait; il demeure toujours dans notre vie.

Lorsque vous le cherchez, quand vous le regardez, sa présence devient réelle et vous dites « ah je sens Jésus »; mais celui que vous sentez maintenant a toujours été là. Mais parce que vous l'avez cherché, vous réalisez maintenant qu'il est là.

Quand la présence de Dieu devient réelle pour vous, la Bible dit cela va annuler la chair.

3-La présence de Dieu transforme

Moïse, dans Exode 34V29-30, quand il a expérimenté la présence de Dieu, ne savait pas que son visage rayonnait car la présence de Dieu a annulé la chair. Moïse ne savait pas que son visage rayonnait, c'est comme s'il avait perdu connaissance de lui-même. Quand la présence de Dieu devient réelle, vous perdez la connaissance de votre être (vous perdez votre réalité). Soit Jésus est réel pour vous ou vous êtes réels pour vous-mêmes (C'est lui ou c'est vous).

Quand elle est réelle, alors vous, vous êtes comme annulés. Et ça, c'est ce que la présence de Dieu va créer dans votre vie. Elle va alors détruire la chair et lier le péché.

4-La présence de Jésus lie le péché

Combien d'entre vous voulez avoir la puissance sur le péché ? J'ai une réponse pour vous : cherchez la présence de Jésus car elle va lier le péché en vous. Du coup, la chair perd son autorité sur vous quand Jésus est réel et ça, c'est le plus grand secret.

Nous luttons et nous voulons prendre autorité sur la chair et le péché mais on ne peut pas le faire tout seul car la chair est plus forte que nous; cependant, Jésus est plus fort que la chair.

Quand Jésus est réel pour nous, la chair perd sa réalité et nous commençons à marcher en liberté à cause de la présence de Jésus. Paul a dit: la présence de Dieu donne la liberté.

NB : Dans la présence de Dieu, il y a la liberté, loin de sa présence il y a les liens. Le monde a besoin de sa puissance

III-Comment recevoir la puissance de Dieu

Deutéronome 32V13, « Il l'a fait monter sur les hauteurs du pays, Et Israël a mangé les fruits des champs; Il lui a fait sucer le miel du rocher, L'huile qui sort du rocher le plus dur ».

La puissance de Dieu fait sortir l'huile et le miel du rocher le plus dur. La puissance de Dieu ne peut pas descendre dans les vallées. Il faut que vous soyez vous-mêmes dans les hauteurs pour la recevoir. Et ces lieux, c'est la présence de Dieu, de Jésus.

Hauteurs ou lieux élevés, c'est la présence de Jésus. Dans ces lieux élevés en esprit, l'huile coule facilement et le miel commence à couler aussi. Attirer, faire descendre, c'est s'abandonner à Jésus. C'est la clé pour entrer dans la présence et la puissance (l'onction) de Dieu.

L'EVANGELISATION

Marc 16V15-16, « Puis il leur dit : Allez par tout le monde, et prêchez la bonne nouvelle à toute la création. Celui qui croira et qui sera baptisé sera sauvé, mais celui qui ne croira pas sera condamné ».

A-Définition des concepts Evangélisation et Evangile

a-Evangile

Evangile ou Injil est un mot grec, qui dérive d'euangellion. Il signifie « **Bonne Nouvelle** ». L'évangile se décompose en Eu=Bon +Angelion=Message (Penser aux Anges= Messagers).

L'évangile est perçu comme les enseignements de Jésus-Christ. Aussi, note-t-on que ce sont des livres du Nouveau Testament (Bible) où la vie du Christ et sa doctrine ont été consignées.

***NB** : Ce qu'il faut retenir, c'est que ce sont des choses sûres et indiscutables.*

b-L'évangélisation

L'évangélisation au sens biblique du terme se définit comme le fait d'annoncer ou de proclamer la bonne nouvelle, c'est-à-dire les évangiles ou les messages de Jésus-Christ. De façon plus claire, proclamer le royaume de Dieu aux hommes, en essayant de les convertir par des enseignements, des prodiges et miracles au Christianisme.

B-Qui doit cependant annoncer l'évangile ?

(Est-ce uniquement le pasteur, le prophète ou les membres de l'Eglise ?)

Bien sûr que non. Mais celui qui a reçu Jésus et le Saint-Esprit. Jésus voudrait que chacun de nous soit porteur de l'évangile; c'est pourquoi il a dit dans le livre de Matthieu 10V8 « (…) Vous avez reçu gratuitement, donnez gratuitement ». Et lui-même en est un bel exemple.

➢ Jésus le premier évangéliste

(Luc 2V41-49) Lorsqu'il avait 12 ans

Déjà, dès l'âge de 12 ans, les germes de l'évangile se révèlent en Jésus-Christ. Il commença malgré son jeune âge à annoncer avec puissance le royaume de Dieu, aux hommes. Vous comprenez qu'il n'y a exactement pas d'âge déterminé pour être porteur de la bonne nouvelle. Lorsque, dehors, vous rencontrez quelqu'un qui est en train d'évangéliser, ne vous intéressez pas à sa posture ou à son âge mais écoutez surtout le message qui sort de sa bouche. C'est le plus important.

Jésus évangélise André, Simon et Philippe : Jean 1V40-45

- L'ex-possédé proclame l'évangile. Marc 5V19-20
- Un ex-criminel annonce la bonne nouvelle. Actes 9V19-21

Jésus-Christ nous appelle tous à être des hommes et des femmes qui annoncent avec assurance sa parole. En un mot, il veut que nous soyons tous des évangélistes. Et il en a plein d'autres exemples qui illustrent ces faits. Jean 9V1-17 ; Jean 5V1-15 ; Actes 8V4-5

C-A qui l'évangile doit être annoncé?

a- Vers les juifs : La communauté d'Israël

Jésus est venu pour libérer et guider les brebis égarées de la communauté d'Israël.

Matthieu 15V21-28 « Jésus, étant parti de là, se retira dans le territoire de Tyr et de Sidon. Et voici, une femme cananéenne, qui venait de ces contrées, lui cria : Aie pitié de moi, Seigneur,

Fils de David ! Ma fille est cruellement tourmentée par le démon. Il ne lui répondit pas un mot, et ses disciples s'approchèrent, et lui dirent avec insistance: Renvoie-la, car elle crie derrière nous. Il répondit : je n'ai été envoyé qu'aux brebis perdues de la communauté d'Israël. Mais elle vint se prosterner devant lui et dit: Seigneur, secours-moi ! Il répondit : Il n'est pas bien de prendre le pain des enfants, et de le jeter aux petits chiens. Oui, Seigneur, dit-elle, mais les petits chiens mangent les miettes qui tombent de la table de leurs maîtres. Alors Jésus lui dit : Femme, ta foi est grande; qu'il te soit fait comme tu veux. Et, à l'heure même, sa fille fut guérie ». Se référant à l'historique de l'occupation de la terre promise (Canaan) par Israël, nous comprenons par la suite qu'il n'y avait aucun lien entre Israël et ce peuple. Alors pour Jésus il n'était pas question qu'elle bénéficie de la grâce du Tout-Puissant. Cependant, la femme sur insistance et aussi par le biais des disciples (Renvoie-la= Accorde –lui ce qu'elle veut) a touché le cœur de Dieu qui a agi en sa faveur. Et sa fille fut guérie. Voir aussi Marc 7V24-30

Lisez également Matthieu 10V5-6 (Jésus envoya …du peuple d'Israël)

L'évangile de Jésus était au tout début destiné à la communauté d'Israël, peuple élu mais cependant ceux-ci étaient bornés et ignorants. Leur ignorance a changé le plan de Dieu qui s'est aussitôt tourné vers les non-juifs (les païens).

b-Vers les non-juifs

Aujourd'hui, le Seigneur dans son immense amour désire que la bonne nouvelle soit prêchée à toute la création sans distinction; car il veut que tous soient sauvés.

Dans Marc 16V15, il leur dit : Allez dans tout le monde entier proclamer la bonne nouvelle à toute la création. Aussi, dans 2Timothée 1V10-11 cela est bien mentionné. Dieu charge l'Apôtre Paul d'annoncer l'évangile aux non-juifs. Egalement dans 1Timothée 2V7 et Actes 9V15. Comme mentionné ci-dessus, Jésus envoie Paul pour faire connaître son nom aux non-juifs (les païens).

D-Comment évangéliser

-Le geste qu'il faut

Dans Actes 4V32-35, les Apôtres mettaient ensemble leurs biens (les moyens) afin de pouvoir annoncer la parole de Dieu.

-Demander le soutien du Saint-Esprit

Actes Chapitre 1 et Actes Chapitre 2V29-41, Pierre et les autres Apôtres, après être remplis du Saint-Esprit promis par Jésus, ont commencé à annoncer que Jésus est le Sauveur.

-Fuir la honte et la peur (Matthieu 10V19) car Jésus est au contrôle.

E-Les conséquences ou les retombées de l'évangélisation

- ➢ Les miracles, les prodiges, la restauration des âmes

Actes 8V4-8 (Ceux qui avaient été dispersés…la joie fut grande dans cette ville) et Actes 2V41

Actes 20V7-12 =Un mort fut ramené à la vie au nom de Jésus.

COMMENT ETRE LIBERE DE LA MALEDICTION ?

Chaque jour, dans nos différentes communautés, on reçoit des enseignements sur la malédiction. Cependant, avons-nous déjà pris conscience des différentes malédictions qui affectent notre vie et qui nous empêchent d'avancer ?

La première partie de cet enseignement fera la lumière sur les malédictions dans leur globalité et la seconde partie sera consacrée à la stratégie mise en place pour être libéré de celles-ci.

I-CONNAITRE LES MALEDICTIONS

1-Le chrétien peut-il être sous la malédiction ?

Deutéronome 28V1

« Si tu obéis à la voix de l'Eternel, ton Dieu (…) voici toutes les bénédictions qui se répandront sur toi et qui seront ton partage, lorsque tu obéiras à la voix de l'Eternel, ton Dieu » ; Dans le même chapitre au verset 15, il est écrit : « Mais si tu n'obéis point à la voix de l'Eternel, ton Dieu (…), voici toutes les malédictions qui viendront sur toi et qui seront ton partage ».

1-1-Toute malédiction prend racine dans la désobéissance à la voix de Dieu

C'est l'exemple d'Abraham. Dieu a établi une alliance en ces termes : Je bénirai celui qui te bénira, et je maudirai celui qui te maudira.

Donc la promesse était pour Abraham et sa postérité. Israël était fier et ignorait que Dieu pouvait les frapper de malédiction en cas de désobéissance à sa parole. Bien qu'Israël fût le peuple élu de Dieu, mais il l'a frappé de maladie, de peste, de famine, d'humiliation et de déportation quand il s'est détourné de sa voie.

NB *: **Galates 3V13-14***

« Christ nous a rachetés de la malédiction de la loi, étant devenu malédiction pour nous-car il est écrit: Maudit est quiconque est pendu au bois, - afin que la bénédiction d'Abraham eût pour les païens son accomplissement en Jésus-Christ, et que nous reçussions par la foi l'Esprit qui avait été promis. »

Sur la base de cette parole beaucoup font des calamités telles que (boire, voler, adultère, tuer, fornication), car pour eux la mort de Christ les a rachetés de la malédiction ; C'est une doctrine de démons.

> ➢ Pour comprendre ce verset, il est important de savoir que la loi de Dieu nous avait tous plongé dans la malédiction. Personne n'y a échappé parce que nul ne pouvait la respecter ou la mettre en pratique. Pas même les personnes que nous trouvons justes quand nous lisons l'Ancien Testament. Cependant, par le sacrifice de Christ à la croix nous avons été libérés de cette condamnation de la loi.

1-2 -Qu'est-ce qui explique cependant la pauvreté, les malédictions, et autres malédictions dont les chrétiens sont objets ?

> ➢ Le problème c'est que de nombreux chrétiens ne se sont pas approprié ces bénédictions par la foi. Ils ont besoin de se repentir car la repentance est l'antidote de la malédiction.

2- Les signes de la malédiction chez le chrétien

2-1-La pratique constante du péché

La première caractéristique de la malédiction est la pratique constante du péché. En effet, si vous êtes chrétiens et que vous vivez dans l'adultère, la fornication, l'idolâtrie, et même vous commettez des crimes tels que l'avortement, vous êtes sous une ou plusieurs malédictions.

2-2- L'humiliation

« Tu seras maudit dans la ville, et tu seras maudit dans les champs. » Deutéronome 28V16.

La 2ème caractéristique de la malédiction est une vie d'humiliation.

NB : L'humiliation à ne pas confondre avec l'humilité.

- ❖ L'humilité est une puissance qui ouvre la porte de la bénédiction et de gloire
- ❖ L'humiliation est un état de honte permanente. Quand vous êtes rejetés sans cesse et sans cause, il y a surement dans votre vie un problème de malédiction.

2-3- Les efforts inutiles

Lorsque vous fournissez d'immenses efforts pour rien, lorsque vous avez de bonnes idées qui ne se réalisent jamais, faites attention car vous commencez à manifester les signes d'une personne qui est sous le coup de la malédiction. En ce moment précis, vous devez comprendre que vous êtes sous l'emprise des démons.

Voilà encore un autre aspect de la malédiction qui semble d'ailleurs moins perçu clairement par les chrétiens. Quand, vous perdez de l'argent de façon étrange, lorsque vous êtes endettés au point de ne jamais arriver à joindre les deux bouts à la fin du mois, ne cherchez plus midi à quatorze heures car ce sont là de véritables signes de malédiction.

2-4- La maladie héréditaire (Deutéronome 28V21-22 et 27-28)

Des personnes ont hérité de leurs parents des maladies telles que le diabète, l'asthme, la folie et bien d'autres maladies dites chroniques ou incurables.

En outre, les règles douloureuses, les fausses couches, les accouchements par césarienne, la stérilité sont des preuves de malédiction chez la femme « je maudirai le fruit de tes entrailles »

2-5- *Les foyers et les familles déchirés*

Nous vivons des réalités tellement tristes dans les foyers et dans les familles, qu'on n'ose pas les décrire. Des personnes qui se sont aimées hier, qui se sont même juré de rester éternellement ensemble, finissent par divorcer. Le résultat que cela produit, ce sont ces nombreuses familles que nous voyons aujourd'hui divisées. Chaque enfant est livré à lui-même et au final, c'est la drogue, la débauche, le banditisme qui leur tendent les bras.

Ne vous y trompés pas, lorsque la malédiction entre dans la vie d'une personne, elle cherche toujours sa destruction.

« Tes fils et tes filles seront livrés à un autre peuple, tes yeux le verront et languiront tout le jour après eux, et ta main sera sans force. » Deutéronome 28V32-41

Les jeunes sont comme des esclaves, captifs de l'alcool, de la drogue, du sexe et de toutes sortes de vices; voilà cet autre peuple, que même les parents ne contrôlent pas dans la vie de leurs enfants.

2-6- *La pauvreté*

« Tu planteras des vignes et tu les cultiveras; et tu ne boiras pas de vin et tu ne feras pas de récolte, car les vers la mangeront. » Deutéronome 28V39

Comment un individu, après de maints efforts ne peut pas bénéficier du fruit de son travail ? N'est-ce pas Dieu lui-même qui a dit que l'homme mangera à la sueur de son front ?

Eh bien! Je connais des gens qui avaient de très grands champs de cacao, mais lorsque le temps de la récolte fut presque arrivé, ils virent leurs efforts de plus de cinq (5) années partir en fumée.

Mes amis, croyez-moi lorsque vous êtes sous le coup d'une malédiction, aucune promesse quelconque peut se réaliser dans votre vie. Votre salaire commence à être limité, vous manquez d'argent pour scolariser même vos enfants.

2-7- *La défaite*

« L'Eternel te fera battre par tes ennemis; tu sortiras contre eux par un seul chemin, et tu t'enfuiras devant eux par sept chemins ; et tu seras un objet d'effroi pour tous les royaumes de la terre. » Deutéronome 28V25

La 7ème caractéristique est la défaite. La Bible nous enseigne que Dieu nous a donné la supériorité sur toute chose ; y compris les épreuves. Cependant, comment comprenons-nous qu'une petite douleur de ventre peut nous conduire dans le tombeau ? C'est justement parce qu'il y a un lien de malédiction.

Lorsqu'elle se manifeste dans votre vie, vous êtes sans aucune défense et elle peut vous manipuler à sa guise.

Le chrétien peut avoir des problèmes, des difficultés mais il ne peut pas être écrasé. Si tel était le cas, il se poserait à ce chrétien un problème de malédiction.

2-8- *L'oppression et l'adversité*

« Ton bœuf sera égorgé sous tes yeux, et tu n'en mangeras pas; ton âne sera enlevé devant toi, et on ne te le rendra pas; tes brebis seront données à tes ennemis, et il n'y aura personne pour venir à ton secours. » Deutéronome 28V31

Etre emprisonné bien que innocent, prêter de l'argent et ne pas être remboursé, travailler sans être payé, s'endetter au point de ne pouvoir honorer ses dettes relèvent de la malédiction.

Vous fréquentez même des personnes nanties et vous ne bénéficiez pas de leur appui.

2-9-L'échec

« Le ciel sur ta tête sera d'airain, et la terre sous toi sera de fer » Deutéronome 28V23

Votre vie prendra une autre dimension, négative bien sûr, lorsque l'échec est votre compagnon. Vous échouerez dans n'importe quel aspect de votre vie; même dans les moindres. Pourquoi ?

Parce que l'échec va limiter votre vie; vous serez dans l'incapacité d'atteindre vos objectifs. C'est l'exemple d'un individu qui a passé plusieurs fois le BACCALAUREAT, et ce, sans succès.

Ce qui paraît étonnant, c'est qu'à chaque fois, vous échouez à presque 1 point, 2 points et là vous sentez plus la douleur.

2-10- La défaveur de Dieu

« L'Eternel enverra contre toi la malédiction, le trouble et la menace, au milieu de toutes les entreprises que tu feras, jusqu'à ce que tu sois détruit, jusqu'à ce que tu périsses promptement, à cause de la méchanceté de tes actions, qui t'aura porté à m'abandonner. » Deutéronome 28V20

Ce qui serait terrible pour un homme, c'est de perdre la faveur de Dieu. Quand Dieu vous retire sa faveur, vous devenez un corps sans âme ; vous ne valez plus rien; vous n'êtes plus rien. Attendez simplement une seule chose, la mort.

Vous ne pourrez pas fuir la malédiction qui s'abattra sur votre vie. Le fait de prendre l'avion pour aller à New York, Paris ou Londres par exemple, ne vous éloigne pas de la malédiction. Quand vous y allez espérant prospérer, votre malédiction prend aussi l'avion et va avec vous. Et si par exemple une fusillade survenait dans ce lieu où vous vous trouvez et qu'une balle était tirée, cette balle chercherait une personne sur laquelle il y a une malédiction et l'atteindrait et se serait vous.

(Histoire du Roi Achab 1Rois 22V1-35 et celle d'Abimélec dans Juges 9.)

❖ La malédiction ne regarde pas les apparences, elle ne respecte personne.

3- Le lien entre les péchés et la malédiction.

3-1-L'idolâtrie

« Maudit soit l'homme qui fait une image taillée ou une pierre en fonte, abomination de l'Eternel œuvre des mains d'un artisan, et qui la place dans un lieu secret! (…) » Deutéronome 27V15

Ce que je ne comprends pas, ce sont ces statues qu'on retrouve aujourd'hui dans nos Eglises. Certains me diront que ce sont justes des représentations et rien d'autre. Mais lorsque, vous vous prosternés devant elles, n'est-ce pas une autre forme d'adoration ? N'êtes-vous pas en contradiction avec le verset précité ? Ce qui est absurde, c'est que d'autres vont jusqu'à adorer des objets, des animaux, des hommes, des démons, des astres, des eaux, des roches, des arbres, des ancêtres.

Ecoutez! Vous attirez davantage la malédiction sur vous et vos enfants. Dans Exode 20V22-23, Dieu condamne l'idolâtrie à mort.

- ❖ L'idolâtrie conduit à une mort prématurée de ceux qui se disent chrétiens, hommes de Dieu et qui y demeurent. Histoire d'Achab et de Jézabel 1 Rois 21 et 22

3-2- Déshonorer ses parents

« Maudit soit celui qui méprise son père et sa mère! (…) » Deutéronome 27V16

Déshonorer ses parents consiste à les injurier, à leur manquer de respect, souvent même les maudire. 2Samuel 15 ; 16 ; 17 et 18(L'histoire de David et son fils Absalom qui se révolta contre lui au point de lui arracher la royauté. Mais, Dieu frappa ce fils indigne qui eut une mort tragique).

Dieu désire que nos parents soient honorés. C'est pourquoi dans l'Epître aux éphésiens chapitre 6 :1-3, Paul dit ceci : « Enfants, obéissez à vos parents, selon le

Seigneur, car cela est juste. Honore ton père et ta mère (c'est le premier commandement avec une promesse), afin que tu sois heureux et que tu vives longtemps sur terre. »

❖ Il y a un moyen de les honorer : prier pour eux, leur parler de Jésus.

3-3-Les fausses prédications

« Maudit soit celui qui fait égarer un aveugle dans le chemin! (…) » Deutéronome 27V18

L'aveugle ici représente une personne qui ne connaît pas Dieu ou qui vient à peine de se convertir. Cette malédiction touche surtout les hommes de Dieu qui égarent les personnes faibles par leur prédication dans le but de les exploiter, de les escroquer.

3-4- Persécuter les étrangers, les veuves et les orphelins

« Maudit soit celui qui porte atteinte au droit de l'étranger, de l'orphelin et de la veuve ! (…) » Deutéronome 27V19/ Exode 22V21

Il est dangereux de persécuter l'étranger qui est paisible, noble, respectueux et honnête.

L'Egypte a été frappé par Dieu parce qu'il persécutait les hébreux.

Il ne faut pas bafouer le droit des veuves et des orphelins car Dieu est leur protecteur. Cependant, tu peux restituer tout ce dont tu as acquis frauduleusement comme Zachée l'a fait.

3-5- Coucher avec la femme de son père

« Maudit soit celui qui couche avec la femme de son père, car il soulève la couverture de son père ! (…) » Deutéronome 27V20

3-6-L'homosexualité

Quand j'entends dire partout que le droit de l'homme autorise que deux personnes de même sexe s'unissent, je suis vraiment peiné. Où avons-nous jeté les enseignements de Dieu. Au commencement, Dieu n'a-t-il pas crée l'homme et la femme ? Dieu, les a créés de sexe opposé pour qu'ils se mettent ensemble et forment une famille. C'est pourquoi, lorsque, l'homme a aperçu la femme, il a trouvé en elle sa côte perdue.

Que peut apporter un homme à un autre homme ? C'est une abomination et Dieu condamne cela.

Dans Lévitique 18V22, la parole de Dieu nous enseigne que, si un homme couche avec un homme comme on couche avec une femme, ils ont fait tous deux une chose abominable. Ils seront punis de mort ; leur sang retombera sur eux.

3-7- L'inceste

L'inceste est un acte qui consiste à avoir des rapports sexuels avec un parent proche de sa famille, à savoir son père, sa mère, sa tante, sa cousine, son cousin, son frère, sa sœur etc.

Très souvent, les enfants issus de ces rapports sont rebelles à leurs parents, à l'évangile et même à la société.

Amnon le fils de David a violé sa sœur Tamar; 2 Samuel 13:1-39.

Egalement, les filles de Lot ont couché avec leur père dans le seul but de conserver leur postérité. Les enfants issus de ces rapports sont Moab et Ammon qui constituent les peuples les plus réfractaires en Israël. Genèse 19V30-38

3-8- L'adultère

« Si un homme commet un adultère avec une femme mariée, s'il commet un adultère avec la femme de son prochain, l'homme et la femme adultères seront punis de mort. »; Lévitique 20V10 et 1Corinthiens 6V9

Les fils d'Eli par leurs mauvaises actions dans le temple ont poussé Dieu à renoncer à la promesse qu'il avait faite à la maison de leur père. (1 Samuel 2V22-36). Voyez-vous que de la bénédiction, nous pouvons facilement passer à la malédiction!

David a failli perdre son trône en couchant avec Bath Schéba la femme de son serviteur Urie, le Héthien. (2 Samuel 12V1-12).

3-9- L'ivrognerie

« Malheur à ceux qui de bon matin courent après les boissons enivrantes, Et qui bien avant dans la nuit sont échauffés par le vin! La harpe et le luth, le tambourin, la flûte et le vin, animent leurs festins; Mais ils ne prennent point garde à l'œuvre de l'Eternel, Et ils ne voient point le travail de ses mains. » Esaie 5V11-12.

Partout dans nos campements, dans nos villages, dans nos villes, les jeunes comme les vieillards s'enivrent à tout bout de champ. Quand l'alcool domine votre vie, vous ne contrôlez plus rien; ni à l'école, ni dans votre foyer, ni dans le boulot. Faites attention!

3-10- Ne pas payer sa dîme

« Un homme trompe-t-il Dieu ? Car vous me trompez, Et vous dites : En quoi t'avons-nous trompé ? Dans les dimes et les offrandes. Vous êtes frappés par la malédiction, Et vous me trompez, la nation tout entière! ». Malachie 3:8-9

- ❖ Ne pas payer sa dîme entraine la malédiction dont les conséquences sont : les pertes d'argent, les blocages financiers.
- ❖ Vous devez faire une offrande de repentance pour annuler cette malédiction.

3-11-La convoitise

« Malheur à ceux qui ajoutent maison à maison, Et qui joignent champ à champ, Jusqu'à ce qu'il n'y ait plus d'espace, Et qu'ils habitent seuls au milieu du pays! » Esaie 5V8

Dieu n'est pas contre la prospérité de ses enfants. Mais il reprouve la convoitise. Achab était un roi riche, rien ne lui manquait; pourtant, il convoitait la vigne de Naboth, de Jizreel qui refusa de lui donner (céder). Achab et sa femme Jézabel usèrent de ruse pour le tuer et s'accaparer de la vigne.

Le cas de Juda Iscariot qui a perdu la vie éternelle pour quelques sicles d'argent.

3-12-Contester Dieu

Esaie 45V9 « Malheur à qui conteste avec son créateur! -Vase parmi des vases de terre! -L'argile dit-elle à celui qui la façonne: Que fais-tu ? Et ton œuvre: Il n'a point de mains ? » ; Celui qui conteste Dieu rejette sur le Seigneur son échec. Dieu n'est pas responsable de vos échecs.

Examinons la réaction d'Adam lorsqu'il a désobéi à Dieu dans le jardin d'Eden. Genèse 3V12

Un tel acte entraîne une grande catastrophe, et opte la faveur de Dieu sur soi.

3-13- *La sorcellerie, le maraboutage, le fétichisme*

« Tu ne laisseras point vivre la magicienne » Exode 22V18

Ceux qui pratiquent la sorcellerie, qui consultent les marabouts et les féticheurs sont sous la malédiction. Je dis bien qu'ils sont sous la malédiction.

Ce qui est stupéfiant, c'est le comportement de certaines personnes qui se disent chrétiennes. Chaque jour de sabbat, ils occupent toujours les premières places dans le temple, ils font de grosses offrandes, mais dès qu'ils sortent de là, ils passent leurs après-midi chez les marabouts, chez les féticheurs etc. Si vous continuez dans cette pratique, vous et vos enfants recevront comme héritage, la malédiction; et croyez-moi, elle s'attachera à des générations et à des générations de votre famille.

3-14- Maudire Israël

« Je bénirai ceux qui te béniront, et je maudirai ceux qui te maudiront; et toutes les familles de la terre seront bénies en toi » Genèse 12V3. (Certains pays arabes ont des problèmes à cause de ce fait).

4-Autres types de malédiction

4-1-Les malédictions héréditaires

« (…) Je suis un Dieu jaloux, qui punis l'iniquité des pères sur les enfants jusqu'à la troisième et la quatrième génération de ceux qui me haïssent. » Exode 20V5

A travers ce verset, Dieu nous montre que nos désobéissances et nos rebellions ont des répercussions fâcheuses sur nos enfants de la 3ème et la 4ème génération; de même que nos bonnes œuvres.

C'est une loi qui s'applique aussi bien aux chrétiens qu'aux païens.

Dieu est venu sur terre pour racheter les pécheurs mais n'a pas aboli pour autant la loi.

Abraham et sa femme Sara, Isaac et sa femme Rebecca, Jacob et sa femme Rachel ont presque tous vécu cet aspect de la malédiction.

Sara, de même que Rebecca et Rachel ont fait face à la stérilité. Nul été la miséricorde de Dieu, elles ne s'en seraient point sorties.

4-2-Les malédictions dues aux fréquentations

La malédiction attire la malédiction et la bénédiction attire la bénédiction

Voici un homme, Jonas qui refusa d'obéir à Dieu qui lui demandait d'aller à Ninive. (Jonas 1)

Ne vous est-il pas arrivé de rencontrer des personnes; depuis lors, votre vie a pris une tournure négative. Il n'y a que l'échec et le blocage que vous rencontrez à tout moment. De la même manière que vous pouvez être contaminé par la bénédiction qui est sur leur vie, de même, la malédiction qui est attachée à eux peut vous impacter. Elisée a marché avec Elie et qu'est-ce qu'il a obtenu plus tard ? Le double de la puissance qui reposait sur la vie d'Elie. 2 Rois 2

Achab s'est allié à Jézabel et sa fin fut tragique: « Alors un homme tira de son arc au hasard, et frappa le roi d'Israël au défaut de la cuirasse. Le roi dit à celui qui dirigeait son char: Tourne, et fais-moi sortir du char de bataille, car je suis blessé. Le combat devint acharné ce jour-là. Le roi fut retenu dans son char en face des Syriens, et il mourut le soir. Le sang de la blessure coula dans l'intérieur du char. »; 1 Rois 22 : 34-35

Il faut se séparer des personnes qui ont une mauvaise influence sur vous.

4-3-Les malédictions auto-imposées

Il s'agit des malédictions prononcées sur soi-même; comme ce fut le cas des pharisiens lorsque Pilate, ne trouvant aucune charge contre le Seigneur Jésus voulut le libérer. Les pharisiens s'opposèrent et demandèrent qu'il soit crucifié. Voyant que Pilate ne penchait pas pour cette option, les pharisiens insistèrent en ces termes : « Que son sang retombe sur nos têtes et celles de nos enfants ».

Certaines personnes, étant souvent affaiblies par les épreuves, proclament des paroles telles que: Je suis venu accompagner les autres sur la terre; je ne réussirai jamais. Quelles paroles de condamnations! Ce que votre bouche aura déclaré prendra forme et se manifestera dans votre vie.

II-COMMENT BRISER LA MALEDICTION ?

1-Les obstacles à la délivrance

- ❖ Le fait de ne pas prendre au sérieux les malédictions
- ❖ Le fait d'être incrédule
- ❖ Le fait d'avoir de la haine qui est une arme du diable
- ❖ Le fait d'entretenir des objets sacrifiés aux faux dieux (photos, fétiches, bien familiaux)
- ❖ Le fait de pratiquer constamment le péché
- ❖ Le manque de foi et de conviction

2-Briser et révoquer les malédictions

Pour briser les malédictions, l'on doit faire sienne cette parole qui dit : « Christ nous a rachetés de la malédiction de la loi, étant devenu malédiction pour nous ».

Prier le Seigneur pour qu'il vous révèle les malédictions qu'il y a eu dans notre vie.

Jérémie 33V3 « Invoque-moi, et je te répondrai; je t'annoncerai de grandes choses cachées, Que tu ne connais pas ».

Rappelez à ces malédictions qu'il y a déjà plusieurs années que le Seigneur Jésus s'est fait malédiction et a porté vos malédictions à la croix afin que vous en soyez libérés.

Remettez vos malédictions à la croix et prenez vos bénédictions.

PRIERE DE DELIVRANCE

Seigneur Jésus-Christ, j'ouvre mon Cœur et te reçois comme Seigneur et sauveur personnel. Je confesse que j'ai péché et que mes péchés sont nombreux. Je confesse également que mes parents et mes ancêtres ont péché et que leurs péchés sont nombreux. A cause de cela, il y a une grande malédiction dans ma vie. J'en appelle aujourd'hui à ta bonté, à ta miséricorde. Je dispose mon cœur et je m'humilie devant toi en vue de recevoir ma délivrance et que toutes malédictions soient brisées au nom de Jésus. Seigneur, je confesse aussi que j'avais de la haine pour beaucoup de personnes. Je prends l'engagement et la résolution de pardonner toutes ces personnes qui m'ont offensé. Seigneur, il y a plusieurs années, sur la croix, tu as porté mes péchés, mes malédictions; en échange tu m'as donné la délivrance, la guérison, la bénédiction et la sainteté. Seigneur, m'appuyant sur ta parole, je renonce à toute malédiction liée à mon mauvais comportement et je les remets à la croix en échange de tes bénédictions.

A cet instant, je prends autorité sur toutes malédictions. Je brise et révoque toutes les malédictions de ma vie au nom de Jésus. Maintenant je m'adresse à vous, esprits mauvais, vous qui êtes rentrés dans mon corps à cause de ces malédictions. Maintenant que ces malédictions sont brisées, vous démons, à cet instant, vous n'avez plus votre place dans mon corps. Je prends autorité sur vous et je vous commande de sortir au nom de Jésus.

Amen

PRONONCER TOUTES SORTES DE PAROLES DE BENEDICTIONS SUR VOUS

LA BONNE SEMENCE

Tout au long de sa mission terrestre Jésus a essayé de faire connaître aux hommes les choses relatives au Royaume des Cieux. A ce titre, pour mieux véhiculer son message, il parlait pour la plupart du temps en paraboles aux uns et aux autres afin de leur faire comprendre ces choses spirituelles.

DEFINITION DES CONCEPTS

Matthieu 13 :1-8

« Ce jour-là, Jésus sortit de la maison (…) avec un rapport de 100, 60, ou 30 pour 1 ».

La Bible nous enseigne qu'au commencement, le ciel et la terre ont été créés par Dieu. Puis, Il plaça l'homme dans le jardin d'Eden afin que celui-ci le cultive.

La terre, dans sa définition, est la planète sur laquelle vivent les êtres vivants. Selon les scientifiques, elle est la troisième planète du système solaire et elle tourne autour du soleil en 365.25 jours et sur elle-même. La terre est considérée par rapport à sa nature, à composition, à sa forme. Selon la science, il existe quatre grandes catégories de terre : Sableux, argileux, calcaire et humifère.

On appelle terre franche la terre qui a une bonne composition idéale, elle a le bon équilibre nécessaire à la croissance des végétaux et une bonne structure. Elle est composée d'environ 60% de sable, de 30% d'argile, de 5% de calcaire et de 5% d'humus.

Toute graine pour bien germer et se développer, a besoin de trois (3) éléments indispensables : La terre, la graine et le semeur. Lorsque, ces trois conditions sont réunies, alors votre graine deviendra un arbre et produira par la suite beaucoup de fruits.

Sans toutefois perdre de vue l'objet de l'enseignement, je rappelle que la terre dont il est question, c'est le cœur de l'homme et la graine, la parole de Dieu.

LE SEMEUR ET LES TERRAINS

Jésus, comme déjà à l'âge de douze ans continue la mission qui est la sienne; celle de gagner des âmes pour le royaume de Dieu. Dans l'évangile de Matthieu au chapitre 13, la foule est frappée par l'enseignement que celui-ci donne à propos de la semence (graine) et du semeur. Il nous présente le cœur de l'homme sous quatre aspects. Utilisant la parabole de la semence Jésus voit en l'homme quatre terres différentes sur laquelle la parole de Dieu peut être semée.

Que dit-il exactement ?

1-La graine plantée le long du chemin (Matthieu 13 :4)

(Les oiseaux la mangèrent)

-Quand l'homme écoute la parole et ne la comprend pas, Satan vient enlever ce qui a été semé dans son cœur. Matthieu 13 :19

2-La graine plantée dans les pierres (Matthieu 13 :5)

(Manque de terre pour faire pousser la graine, sol peu profond, soleil, la graine brula et sécha, elle manque de racine).

-Celui-ci entend la parole et la reçoit avec joie ; mais il n'a pas de racine en lui-même, il manque de persistance ; dès que survint une tribulation, ou une persécution à cause de la parole, il y trouve une occasion de chute et retourne à sa vie passée. (Matthieu 13 :20)

3-La graine plantée dans les épines
(Matthieu 13:7)

(Les épines montèrent et l'étouffèrent)

-Cet homme-là entend la parole, mais les soucis du monde(…) et la séduction des richesses étouffent la parole et la rende infructueuse. (Matthieu 13 :22)

4-La graine plantée dans la bonne terre
(Matthieu 13 :8)

(Toutes les conditions étant réunies, alors la graine germa, grandissait et produisit des fruits en abondance).

-Ce dernier entend la parole, la comprend et la met en pratique. Il est bien enraciné et peut résister à toutes sortes de tempêtes quel que soit la puissance à laquelle elles soufflent. (Matthieu 13 :23)

CONCLUSION

Jean-Baptiste par le baptême de la repentance préparait les cœurs afin que ceux-ci reçoivent le Seigneur Jésus-Christ. Ainsi, l'homme doit disposer la porte de son cœur, l'ouvrir pour que celui-ci soit enracinée solidement par la parole de Dieu. Son cœur doit être la bonne terre sur laquelle produira du fruit en abondance.

Que le Seigneur vous soutienne au nom de Jésus-Christ

LA NOUVELLE NAISSANCE

La parole de Dieu (La Bible) est révélatrice. Nous la lisons et nous la comprenons autrement ; c'est pourquoi il faut toujours demander le secours du Saint-Esprit afin qu'il nous guide.

Connaître les œuvres du Créateur demande ainsi à l'homme de se séparer d'un certain nombre de liens afin d'être véritablement affranchi par sa parole. Pour cela, il faut naître de nouveau.

Référons-nous à l'évangile selon Jean au Chapitre 3 :1-7« Or, (…) vous naissiez de nouveau »

RECAPITULATIF

Voici l'histoire d'un homme appelé Nicodème, l'un des chefs des Juifs. Il vint de nuit voir Jésus pour essayer d'avoir des réponses à des questions qu'il se posait. Il dit à Jésus : Maître, nous savons que tu es un enseignant envoyé par Dieu, car personne ne peut faire ces signes miraculeux que tu fais si Dieu n'est pas avec lui. Jean 3 :2. En effet, Nicodème ne comprenait pas la façon d'opérer de Jésus. Il était ainsi troublé et l'interrogeait afin que celui-ci lui apporte une compréhension assez claire de tous ces enseignements et miracles qu'il faisait. Cependant, Jésus le reprend et dit : En vérité, en vérité, je te le dis, à moins de naître de nouveau, personne ne peut voir le royaume de Dieu. Cette réponse de Jésus semble bien compliquer les choses pour Nicodème. En effet, ce dernier comprenait manifestement l'expression naître de nouveau dans le premier sens. Cette phrase de Jésus va ici jouer sur sa double signification. Verset 4.

De quoi Jésus parlait-il exactement ?

Nicodème, comme bien d'autres juifs avait reçu le baptême de Jean-Baptiste qui n'était qu'en fait un baptême de repentance, de renouvellement de cœur afin de recevoir Jésus. Et donc, pour lui et d'ailleurs pour nombreux d'entre nous aujourd'hui cet enseignement que Jésus donne, est nouveau et superflu. Il s'agissait en fait du baptême d'eau et de l'Esprit-Saint.

Pour mieux comprendre cela, interrogeons donc.

I-Comment doit-on naître de nous ?

Naître de nouveau revêt ici un sens plus profond que celui dont Nicodème pouvait s'imaginer. En effet, c'est un renouvellement d'esprit. Cela implique donc un minutieux examen de la conscience et nous demande bon nombre de sacrifice. Il faut en clair renoncer à sa vie passée qui n'est autre qu'une vie de débauche, d'incrédulité, d'adultère, de fornication etc. « Que chacun examine ses propres œuvres, et alors il aura sujet de se glorifier pour lui-seul, et non par rapport à autrui; car chacun portera son propre fardeau. »; Galates 6 :4-5

Accepter la conversion, la repentance et l'humilité, c'est renoncer au passé et se rapprocher de Dieu. Ainsi donc par la repentance, Dieu repend sur nous un esprit nouveau et un cœur nouveau. « Je répandrai sur vous une eau pure, et vous serez purifiés; je vous purifierai de toutes vos souillures et de toutes vos idoles. Je vous donnerai un cœur nouveau, et je mettrai en vous un esprit nouveau; j'ôterai de votre corps le cœur de pierre, et je vous donnerai un cœur de chair. Je mettrai mon esprit en vous, et je ferai en sorte que vous suiviez mes ordonnances, et que vous observiez et pratiquiez mes lois. »; Ezéchiel 36 :25-27

La question qui nous prolonge dans la compréhension de cet enseignement est : Qui doit naître de nouveau ?

II-Qui doit naître de nouveau ?

Avant toute chose, sachez que le péché fragilise la capacité d'action, diminue la puissance de Dieu en nous et nous rend vulnérable.

Si nous nous en tenons au fait que tous nous avons péché et nous sommes privés de la gloire de Dieu selon Romains 3 :23, comprenons par-là que tous nous devons naître de nouveau car nous sommes séparés de Dieu (Esaie 59 :2). Nous devons donc nous réconcilier avec lui en reconnaissant notre état de pécheur, en les avouant et en demandant par la suite le pardon et la clémence de Dieu. C'est à ce titre que nous pouvons pleinement être remplis du Saint-Esprit.

III-Pourquoi le baptême d'eau et d'Esprit ?

Naître de nouveau ou être baptisé d'eau et d'Esprit, nous procurent beaucoup d'avantages. Ils nous donnent de nous disposer pour :

❖ Etre affranchi

- ❖ Voir le royaume de Dieu
- ❖ Que les promesses de Dieu s'accomplissent dans notre vie
- ❖ Refléter l'image de Jésus-Christ et faire ses œuvres
- ❖ Annoncer avec puissance l'évangile

CONCLUSION

Dieu a aimé le monde (Jean 3 :16), il a donc donné son fils Jésus afin que nous soyons tous sauvés. Ainsi, pour bénéficier de cette vie en abondance que le Seigneur Jésus nous offre, il faut naître de nouveau car l'assurance avec Dieu, c'est que les choses anciennes sont passées, la malédiction est passée et toutes choses sont devenues nouvelles. (2 Corinthiens 5 :17)

ZACHEE ET LE SYCOMORE

Luc 19 :1-10

Avant tout propos, sachez que le Sycomore est un grand arbre. Nous n'allons pas ici rentrer dans une trop grande description de cet arbre.

Quelle vision avez-vous de votre vie ?

Vous vous êtes trouvé un point de repère ?

J'en doute fort. Je vous invite donc à suivre attentivement cette histoire qui va surement transformer votre vie.

I-Historique

Jésus, passait à Jéricho un jour pour se rendre à Jérusalem. Or, dans cette ville se trouvait un homme riche appelé Zachée, qui était chef des collecteurs d'impôts. Tout ceci pour dire que Zachée était riche et même très riche.

Cependant, comment avait-il acquis cette richesse ?

La Bible dit qu'il était collecteur d'impôts; il était un imposteur. Je suppose donc que tout l'argent qu'il possédait était mal acquis.

Je m'adresse donc à vous qui laissez votre cœur être envahi par les richesses de ce monde. Ceux que vous enviez, que vous cherchez à tant ressembler, vous vous êtes déjà demandé d'où provenaient toutes leurs richesses; peut-être que comme Zachée, ils sont des voleurs, des imposteurs. Peut-être que certains sont même passés par des pratiques macabres (sacrifices humains) et malsaines pour satisfaire leurs désirs. Cependant, Zachée voulait changer son identité, il voulait un nouveau départ et avoir une nouvelle vision de sa propre vie ; et pourtant, des obstacles et des murailles se dressaient sur son passage.

1-La première muraille : La foule

En quoi la foule, ceux qui nous entourent constituent-ils des obstacles dans notre vie de tous les jours ?

Zachée voulant changer son histoire, son identité comme mentionné ci-dessus s'est confronté à la foule qui constituait une muraille, un blocage pour sa vie. Cette muraille se caractérise ainsi par les critiques des hommes, des murmures qui créent le découragement. Dès lors, vous perdez toute confiance en vous et vous êtes dans l'incapacité d'avancer. Ces hommes qui tentent de vous empêcher de vous rapprocher du Seigneur sont toujours plus proches de vous. Ils disent communément de vous : « c'est un pécheur, un menteur, un voleur et même un meurtrier, et il cherche aussi le Seigneur ». Tout ceci pour te décourager. A cause de cette foule, vous ne pouvez pas vous approcher véritablement du Seigneur Jésus qui peut changer votre situation. Faites donc attention à cette foule car elle risque de vous empêcher d'être transformé.

Cependant, souvenez-vous de cette parole de Jésus : Dieu aime le pécheur qui revient à lui et Il n'enverra jamais dans sa vie une épreuve qui surpasse ses forces. Si Dieu envoie l'épreuve sur votre chemin, c'est qu'il vous a donné les moyens pour la vaincre, la surmonter.

N'ayez donc pas peur, tenez bon et vous verrez la délivrance que Dieu vous accordera. Exode 14 :13-14

2-La deuxième muraille : Sa propre personne

Le second élément ici qui selon la Bible empêcherait Zachée de voir le Seigneur est : **<u>Sa taille</u>**

Cela veut dire que Zachée constituait lui-même un réel problème pour sa propre délivrance. Ce manque de grandeur, de hauteur le limitait. Il mettait toujours les autres au-dessus de lui. Comprenez évidemment que si les autres sont supérieurs à vous, ils limitent vos visions, votre marche, vos connaissances, vous fragilisent ainsi et limitent votre plan d'action. Il faut donc vous créer un repère.

II-Le Sycomore : *Le point de repère*

Zachée se trouvant face à tous ces obstacles va se créer un point de repère pour atteindre son objectif. Il courut en avant et monta sur un sycomore. Courez donc en avant et montez sur Jésus, car lui-seul est capable de vous supporter et vous donner la vision pour voir dans la direction qu'il faut.

Cependant, quel rôle le sycomore a joué dans la vie de Zachée ?

Le rôle que cet arbre a joué dans la vie de Zachée se résume en trois points essentiels.

1-Un point de repère

Zachée devant toute cette incapacité va se mettre à un endroit précis pour tenter de voir le nazaréen. L'arbre a ainsi été pour cet homme une indication, une orientation, une position stratégique. Il voyait déjà dans son esprit le Seigneur passer par là. Il s'avait également que s'il se mettait à cet endroit, rien de tout ce qui l'empressait auparavant ne pourrait l'empêcher de toucher le maître. Il est donc important pour toi et moi de nous orienter par la prière et le jeûne car sans l'orientation, il est difficile de toucher Jésus-Christ.

2-Un support

La Bible dit «il monta sur un sycomore » Luc 19 :4

Cet arbre a donc été pour Zachée un soutien. Il lui a permis de supporter les critiques et s'en tenir éloigner. Il a supporté le poids de Zachée qui constituait un véritable manteau pour lui. Un manteau qui à lui seul ne pouvait pas charger puisque il est caractérisé par l'iniquité, l'abomination etc. Il a choisi de se décharger sur le sycomore.

Le Seigneur Jésus-Christ, pour l'amour de l'humanité à accepter de porter nos fautes, nos crimes sur la croix afin que nous soyons libres des liens de servitudes. Déchargez-vous donc sur lui et demandez-lui de porter vos fautes pour que vous soyez libres.

3-La hauteur

Devant nos ennemis, qui si physiquement sont plus forts que nous, demande une autre stratégie : **Les hauteurs**. Il faut en ce moment-là être dans les lieux élevés. Zachée se trouvant dans cette position devait se démarquer. L'arbre lui a ainsi permis en débit de sa taille, d'avoir une vision nouvelle et d'être à la hauteur du problème. Il lui a donc donné la supériorité, cette possibilité de voir ce que les autres ne voyaient pas.

Quelle est votre position aujourd'hui ?

Etes-vous sur le sycomore ou à son pied ?

Si vous ne l'êtes pas, alors je vous y invite là où vous vous trouvez présentement car c'est en ce moment-là que Jésus Dira : « mon fils, dépêche-toi de descendre, car il faut que je m'arrête aujourd'hui chez toi ».

Prends Jésus pour appui, et il sera un point de repère sûr. Il te guidera afin qu'en tout lieu malgré les situations, tu sois toujours victorieux au nom de Jésus.

OUVRE TON CIEL: *Jonas 2:1-11*

INTRODUCTION

Devant les épreuves, que devons-nous faire ? Prier ou rester là et nous lamenter sur ce qui nous arrive ?

Voici un homme à qui Dieu donne des instructions et qui refuse de les exécuter. Sachez que de la bouche de Dieu, sortent deux choses : Des principes ou des lois et des instructions. Les lois de Dieu sont immuables, inchangeables (Exode 20 :1-17), alors que ses instructions ne le sont pas. Cela suppose qu'à tout moment Dieu peut changer les ordres ou les instructions qu'il nous donne (Jonas 3 :10). Dieu s'est donc repentit du mal qu'il voulait faire aux habitants de Ninive.

Soyons obéissant à ses lois et attentif à ses instructions.

I-L'histoire de Jonas

La parole de Dieu fut adressée à Jonas en ces termes : «Lève-toi, va à Ninive, la grande ville et crie contre elle, car sa méchanceté est montée jusqu'à moi ». Jonas 1 :1-2

Ninive était à l'époque pendant le VIIIème siècle la capitale de l'empire assyrien. Les habitants de cette ville firent ce qui est mal aux yeux de l'Eternel. Ils se sont livrés à l'idolâtrie et aux choses immondes. Ainsi, leurs fautes va monter jusqu'aux oreilles de Dieu qui résolu de les punir.

***NB :** Au risque de nous répéter, n'oublions pas que toute malédiction prend racine dans la désobéissance à la voix de Dieu.*

Le peuple a désobéit à Dieu qui a jugé bon de leur infliger une punition. Il envoie donc Jonas à Ninive, chargé de leur faire part des malheurs qui adviendront sur la ville car Il allait manifester sa colère.

Cependant, Jonas refusa de suivre l'instruction de Dieu et décida de fuir loin de sa face.

Pensez-vous que l'on peut fuir loin de la face de Dieu? Ne savons-nous pas que le Dieu que nous prions est omniprésent ?

La décision de fuir Dieu va ainsi fermer le ciel de Jonas qui sera d'airain au-dessus de sa tête comme d'ailleurs le ciel de beaucoup de personnes l'est aujourd'hui.

Mais, comment sortir de cette impasse ?

II-Comment ouvrir son ciel ?

Retenons que seulement trois choses sont indispensables pour ouvrir son ciel : la prière, les sacrifices et les vœux.

Jonas fuyant la face de Dieu sera confronté à un certain nombre de problèmes.

Nombreux sont ceux qui aujourd'hui, agissent selon leur propre volonté, sans toutefois aviser Dieu ou même écouter sa voix. Certains sont même appelés à le servir, à faire son œuvre mais refusent cependant.

Face à cela que croyez-vous que Dieu fasse ? Qu'il vous bénisse ? J'en doute fort.

Si vous ne le faites pas, il vous sera alors difficile de recevoir la pluie qui vient de lui. Dieu vous fermera toutes les portes de bénédiction. Quel que soit le concours que vous présenterez, vous échouerez simplement parce que vous n'avez pas répondu ''**oui**'' à l'appel. Ce que vous pouvez faire en revanche, c'est d'accepter et de chercher à négocier avec Dieu car Il est compatissant.

Jonas devait donc réorienter sa vision des choses.

1-La prière

La prière est l'arme la plus puissante et efficace que l'on n'est jamais connue. Elle permet en effet aux chrétiens, de résister aux tempêtes, aux épreuves et à toutes sortes de tentations qui se présentent à eux. C'est pourquoi Jésus-Christ conseille la prière à ses disciples dans Marc 13:33; « Prenez garde, veillez et priez; car vous ne savez quand ce temps viendra ».

Par la prière, le chrétien arrive à dominer les puissances des ténèbres et à débloquer certaines portes qui lui étaient fermées. Je dis bien certaines portes car il faut essentiellement ces trois conditions citées ci-dessus pour que toutes ces portes s'ouvrent véritablement.

Jonas, connaissant l'efficacité de la prière, va alors se mettre à prier pour sa cause. Jonas 2:1-9. Vous traversez une situation difficile, priez et vous verrez.

Mais, Dieu semblait sourd aux prières de Jonas. Quelquefois vous criez à Dieu et vous avez l'impression qu'Il ne vous entend pas. C'est justement cette sensation que ressentait Jonas dans les épreuves. Ce qui le pousse évidemment à envisager d'autres méthodes pour faire réagir Dieu.

2-Les sacrifices

Dans Genèse chapitre 22:2, Dieu donne cette instruction à Abraham : « Dieu dit: Prends ton fils, ton unique, celui que tu aimes, Isaac; va-t'en au pays de Morija, et là offre-le en holocauste sur l'une des montagnes que je te dirai ». Le savez-vous pourquoi ? Parce que Dieu agrée les sacrifices, il en a été lui-même un bel exemple en donnant Jésus-Christ son unique fils en sacrifice pour que vous et moi soyons sauvés. Sachez surtout qu'Il ne vous demandera jamais de faire ce que lui-même n'a pas fait auparavant.

Cet exemple, pris ici ne nous incite pas à sacrifier les hommes ou les animaux. Ce sacrifice, Jésus l'a déjà fait pour tous. Il s'agit en effet du sacrifice de notre être pour son œuvre, pour l'adorer et faire sa volonté.

Et cela, Jonas l'a bien saisi : « Pour moi, je t'offrirai des sacrifices avec un cri d'actions de grâces »; Jonas 2 :10a. Il s'avait pertinemment que c'était l'une des clés pour que Dieu se souvienne de la situation dans laquelle il se trouvait. Faites-en de même.

3-Les vœux

Nombreux sont ceux qui font des promesses à Dieu. Certains promettent des voitures, des maisons, et d'autres promettent même de participer à la construction de la maison de Dieu (les lieux de prières). Cependant, combien d'entre eux les honorent ?

Dieu dit qu'il serait préférable de ne pas faire de vœu plutôt que d'en faire et ne pas le respecter.

Les conséquences du non-respect des vœux sont multiples. Lorsque, vous faites un vœu à L'Eternel que vous le respectez pas, vous fermez davantage votre ciel. « Lorsque tu as fait un vœu a Dieu, ne tarde pas à l'accomplir, car il n'aime pas les insensés: accomplis le vœu que tu as fait. Mieux vaut pour toi ne point faire de vœu, que d'en faire un et de ne pas l'accomplir ». Ecclésiaste 5 :3-4,

Faites comme Jephthé qui a fait le vœu de donner la première personne qui viendrait à sa rencontre à l'Eternel s'il lui donnait la victoire sur les Ammonites. (Juges 11 :30-37) et il l'a honoré ; comme Anne qui a donné Samuel pour le sacerdoce 1Samuel 1 :9-11 et 1Samuel 1 :22-28.

Jonas également l'a bien compris. Il sait qu'honorer ses vœux attirent la bénédiction et la faveur de Dieu. C'est pourquoi il pouvait dire : « J'accomplirai les vœux que j'ai faits ». Jonas 2 :10b. En ce moment précis Dieu ordonna au poisson de le vomir et celui-ci exécuta.

Vous comprenez maintenant pourquoi dans l'Eglise beaucoup sont frappés par la malédiction. Vous avez désormais les clés afin que Dieu déverse sur vous de nombreuses bénédictions.

Soyez-en certain, il le fera si vous marchez selon ses lois et ses instructions.

Que Dieu vous soutienne.

LES OFFRANDES

INTRODUCTION

(Proverbes 8V17-21)

« J'aime ceux qui m'aiment; Et ceux qui me cherchent me trouvent. Avec moi sont la richesse et la gloire, Les biens durables et la justice. Mon fruit est meilleur que l'or, que l'or pur, et mon produit est préférable à l'argent. Je marche dans le chemin de la justice au milieu des sentiers de la droiture, pour remplir leurs trésors »

A cet effet, le chemin de la justice et le sentier de la droiture que Dieu a tracés pour enrichir son peuple est le donner.

Définition

L'offrande veut dire : le donner qui n'est autre que de faire du bien, d'être généreux et surtout de donner la libéralité.

DONNER Timothee :6V17-19 dit ceci: « Recommande aux riches du présent siècle de ne pas être orgueilleux, et de ne pas mettre leur espérance dans des richesses incertaines, mais de la mettre en Dieu, qui nous donne avec abondance toutes choses pour que nous en jouissions. Recommande-leur de faire du bien, d'être riches en bonnes œuvres, d'avoir de la libéralité, de la générosité, et de s'amasser ainsi un trésor placé sur un fondement solide, afin de saisir la vie véritable ».

1-Pourquoi donner ?

Si vous voulez vous enrichir véritablement, sachez que l'un des moyens pour y parvenir est le donner. Beaucoup d'acteurs de l'Ancien Testament tels que Abraham, David, Salomon ont percé ce mystère. Ils savent que donner permet de se construire une fortune solide.

1-1-Les valeurs :

-Un moyen pour se faire pardonner (Lévitique 5V18-19)

-un moyen de protection contre l'envahisseur (Malachie 6V10)

-un moyen de protection contre la famine et la pauvreté (Proverbes 3V9-10)

-un moyen pour mettre Dieu à l'épreuve (Malachie 3V6-11)

-un moyen de reconnaissance et d'action de grâce (1 Rois 3V15)

-un moyen d'intercession (Hébreux 11V4)

2-Les types de donner

-donner selon ses moyens (1Corinthiens 16V1-2)

-donner au-delà de ses moyens (2Corinthiens 8V1-3)

-donner la dîme (Malachie 3V10)

-donner les prémices (Genèse 4V4)

-bâtir la maison de Dieu (Aggée 1V8)

-donner le centième du montant qu'on a eu

-offrande volontaire

-Donner la dîme des dîmes

-offrande de la consécration

Conclusion

Pour séduire le cœur de Dieu et bénéficier de ses grâces, il faut simplement aimer le donner. Il y a plus de joie à donner qu'à recevoir. Le donner nous permet de rentrer en contact avec la bénédiction.

RÉPARTITION DE LA BIBLE

La Bible est divisée en 3 parties. (Version Louis Segond)

- ➢ La première partie part de Genèse jusqu'à Deutéronome : Elle raconte les débuts de l'humanité jusqu'à l'établissement d'Israël en terre promise et contient la loi de Dieu.
- ➢ La deuxième partie, depuis Josué jusqu'à Malachie. Ce sont des livres historiques, poétiques (Psaumes), prophétiques.
- ➢ La troisième partie, c'est le Nouveau Testament et part de Matthieu jusqu'à l'Apocalypse de Jean : Elle raconte la première venue de Jésus-Christ sur la terre et le développement de l'Eglise pendant le 1er Siècle.

I-NOMBRE DE LIVRE

1-Ancien Testament : 39 Livres écrits

2-Nouveau Testament : 27 Livres écrits

II-NOMBRE TOTAL DE CHAPITRE

1-Ancien Testament : 929 Chapitres

2-Nouveau Testament : 260 Chapitres

NT: 1189

Le livre le plus volumineux : Psaumes : 150 Chapitres

Les moins volumineux : Abdias : 1 Chapitre ; Philémon : 1 Chapitre ; 2Jean : 1 Chapitre ; 3Jean :1 Chapitre ; Jude : 1 Chapitre

QUE LA GRACE DE DIEU LE TOUT-PUISSANT VOUS ACCOMPAGNE DANS TOUS LES ASPECTS DE VOTRE VIE AU NOM DE JESUS-CHRIST

I want morebooks!

Buy your books fast and straightforward online - at one of the world's fastest growing online book stores! Environmentally sound due to Print-on-Demand technologies.

Buy your books online at

www.get-morebooks.com

Achetez vos livres en ligne, vite et bien, sur l'une des librairies en ligne les plus performantes au monde!
En protégeant nos ressources et notre environnement grâce à l'impression à la demande.

La librairie en ligne pour acheter plus vite

www.morebooks.fr

OmniScriptum Marketing DEU GmbH
Heinrich-Böcking-Str. 6-8
D - 66121 Saarbrücken
Telefax: +49 681 93 81 567-9

info@omniscriptum.com
www.omniscriptum.com

www.ingramcontent.com/pod-product-compliance
Lightning Source LLC
Chambersburg PA
CBHW031320150426
43191CB00005B/271